Bibliografische Information der Deutschen Nationalbibliothek:

Die Deutsche Bibliothek verzeichnet diese Publikation in der Deutschen National-
bibliografie; detaillierte bibliografische Daten sind im Internet über http://dnb.d-
nb.de/ abrufbar.

Impressum:

Copyright © 2016 GRIN Verlag
Druck und Bindung: Books on Demand GmbH, Norderstedt Germany
ISBN: 9783668690264

Dieses Buch bei GRIN:

https://www.grin.com/document/421612

Tanja Lüsgen-Below

Der Umgang mit dementiell erkrankten Menschen im Hinblick auf die Humanistische Psychologie. Validation

GRIN Verlag

GRIN - Your knowledge has value

Der GRIN Verlag publiziert seit 1998 wissenschaftliche Arbeiten von Studenten, Hochschullehrern und anderen Akademikern als eBook und gedrucktes Buch. Die Verlagswebsite www.grin.com ist die ideale Plattform zur Veröffentlichung von Hausarbeiten, Abschlussarbeiten, wissenschaftlichen Aufsätzen, Dissertationen und Fachbüchern.

Besuchen Sie uns im Internet:

http://www.grin.com/

http://www.facebook.com/grincom

http://www.twitter.com/grin_com

ABSCHLUSSARBEIT

Der Umgang mit dementiell erkrankten Menschen im Hinblick auf die Humanistische Psychologie: Validation

Autorin:

Tanja Lüsgen-Below

INHALTSVERZEICHNIS

1. Einleitung

In Deutschland sind derzeit etwa 1,6 Millionen Menschen an Demenz erkrankt, weltweit sind es knapp 47 Millionen Menschen. Aufgrund des demografischen Wandels (alternde Gesellschaft) wird sich die Zahl der dementiell erkrankten Menschen vermutlich bis zum Jahr 2050 verdoppeln, eventuell sogar verdreifachen![1] Was früher mit „Altersschwachsinn" abgetan wurde, ist heute eine ernstzunehmende Krankheit, an deren Ende der völlige Verfall der Persönlichkeit liegt. Der Umgang mit an Demenz erkrankten Menschen ist nicht nur für Angehörige und Pflegekräfte eine große Herausforderung, sondern auch für die gesamte Gesellschaft. Mit meiner Abschlussarbeit möchte ich auf den Umgang mit dementiell erkrankten Menschen im Hinblick auf die Humanistische Psychologie eingehen. Um eine bessere Kommunikation sowie ein besseres Verständnis mit verwirrten alten Menschen zu bekommen, hat Naomi Feil eine Kommunikationsmethode, die sich Validation nennt, entwickelt. Validation basiert auf der Humanistischen Psychologie – u. a. auf der Grundhaltung der Klientenzentrierten Gesprächsführung nach Carl Rogers und der Bedürfnispyramide nach Abraham Maslow. Diese werde ich auf den nachfolgenden Seiten beschreiben. Die Validation nach Feil wurde später von der einer deutschen Psychogerontologin, Nicole Richard weiterentwickelt – sie nannte ihre Methode Integrative Validation (IVA). Auch auf diese werde ich in meiner Arbeit eingehen.

2. Fragestellung und Ziel meiner Abschlussarbeit

In meiner Tätigkeit als Alltagsbegleiterin habe ich festgestellt, dass viele Werte und Verhaltensweisen, wie z. B. jeden Menschen „so zu nehmen wie er ist" und ihn als einzigartig zu betrachten, ihm empathisch und wertschätzend zu begegnen von großer Bedeutung sind, um einen guten Umgang mit Dementen zu haben.

In der heutigen Gesellschaft geht dies leider immer mehr verloren. Kinder dürfen nicht laut sein, haben zu gehorchen, Mitarbeiter sollten ihren Job nach Schema „F" machen und für Umsatz sorgen – ob Frau oder Mann u. U. alleinerziehend ist, interessiert nicht, Kindergeburtstage müssen heute ein regelrechtes Event darstellen und die dreifache Mutter sollte weiterhin in Größe 36 passen. Kurzum: alles muss perfekt sein, man hat in sämtlichen Lebensbereichen zu funktionieren und wir wollen immer höher und immer weiter hinaus.

---

[1] Welt Alzheimer Bericht, Stand 25.08.2015

Dabei gehen Werte wie Empathie, Wertschätzung und Lob und Anerkennung verloren. Das dies Stress, Burnout, Depression, Süchte, etc. zur Folge hat, ist allgemein bekannt.

Häufig kann man dieses Fehlverhalten in der Arbeit mit Dementen beobachten. Demenz ist aus meiner Sicht u. a. eine Folge von verdrängten und unterdrückten Gefühlen, die nicht gefühlt wurden oder werden durften und im Alter das sozusagen „das Fass zum überlaufen" bringen. Alte bzw. sterbende Menschen haben am Lebensende jedoch das Bedürfnis diese Gefühle rauszulassen bzw. „aufzuräumen", um schließlich friedlich sterben zu können.

Das Ziel meiner Abschlussarbeit ist es, eine bewusstere und achtsamere Kommunikation – nicht nur im Umgang mit Dementen - zu führen und sich selbst und das eigene Verhalten sowie die Körpersprache besser wahrzunehmen. Dies ist letztendlich nicht nur für die Begegnung mit dementiell erkrankten Menschen hilfreich, sondern auch für den täglichen Umgang miteinander.

3. Was ist Demenz?

Wort wörtlich aus dem Lateinischen „de-mens" übersetzt heißt Demenz: de = „weg von" mens = „geist"), also „weg vom Geist". Anhand dieser Übersetzung erkennt man bereits ein wesentliches Merkmal dieser Krankheit – nämlich den Abbau der geistigen Leistungsfähigkeit. Es handelt sich um eine gravierende Störung des Kurzzeitgedächtnisses, begleitet von weiteren Defiziten in den Bereichen der Emotionen sowie des Bewusstseins. Demenz ist der Oberbegriff und hiervon leiten sich rund 50 verschiedene Formen der Demenz ab. Es handelt sich um eine Krankheit, die vorwiegend im hohen Lebensalter auftritt. Allerdings steigt die Zahl der jüngeren Menschen, die an an Demenz erkranken.

4. Welche verschiedenen Formen der Demenz gibt es?

Wie bereits im vorherigen Abschnitt erwähnt, gibt es verschiedene Formen der Demenz. Hier unterteilt man zunächst in sogenannte primäre (hirnorganische) und sekundäre (nicht-hirnorganische) Demenzformen.

Bei primären Demenzen beginnt der Krankheitsverlauf direkt im Gehirn. Nach dem heutigen Wissensstand sind diese irreversibel, d. h. sie können nicht rückgängig gemacht werden. Hier unterscheidet man wiederum zwischen neurogenerativen und vaskulären Demenztypen. Bei neurodegenerativen Typen degenerieren (Duden: sich zurückbilden) Nervenzellen des Gehirns und bei den vaskulären Typen handelt es sich um Durchblutungsstörungen (gefäßbedingte Demenz).

Die Alzheimer-Krankheit ist mit einem Anteil von 60 % aller Fälle die häufigste und auch bekannteste Form der primären Demenz. Sie wurde nach dem Psychiater und Neuropathologen Alois Alzheimer benannt, der dieses Krankheitsbild entdeckte. Daneben gibt es noch die Lewy-Körperchen-Demenz, die Frontotemporalen Demenzen (auch Pick-Krankheit genannt) sowie die Creutzfeldt-Jabkob-Krankeit, die allerdings seltener verbreitet ist.

Bei den sekundären Formen hingegen ist die Demenz Folge einer anderen Grunderkrankung, wie z. B. Herz-Kreislauf-Erkrankung, Hirngeschwulst, Alkohol-, Drogenoder Medikamentenmissbrauch, etc. Wird diese Grunderkrankung gut behandelt, kann sich die geistige Leistungsfähigkeit wieder normalisieren. Zu den sekundären Demenzen gehören z. B. das Korsakow-Syndrom, die Demenz bei Morbus Parkinson.

Inzwischen hat man noch zahlreiche andere Demenzformen festgestellt – in dem vorherigen Abschnitt habe ich die Formen, die am häufigsten vorkommen genannt.

5. Krankheitsverlauf – die verschiedenen Stadien der Demenz

Die meisten Formen der Demenz verlaufen schleichend. Als grobe Richtung kann man davon ausgehen, dass, gerechnet vom Auftreten der ersten Symptome, die Krankheitsdauer ca. 9 Jahre beträgt. Beim Krankheitsverlauf unterscheidet man 3 Stadien der Krankheit: frühes, mittleres und spätes Stadium. Die Dauer des jeweiligen Krankheitsstadiums beträgt durchschnittlich 3 Jahre. Je nach Einzelfall kann dies variieren, d. h. der Verlauf der Krankheit kann sich langsamer oder schneller gestalten.

Frühes Stadium:

Typisch für das frühe Stadium der Demenzerkrankung ist, dass Störungen des Kurzzeitgedächtnisses auftreten. Fragen wiederholen sich, Termine werden vergessen, Gegenstände verlegt, es bestehen Schwierigkeiten des Denkens, usw. Da die Betroffenen diese Symptome bei vollem Bewusstsein erleben, hat dies oft Angst, Scham, Niedergeschlagenheit oder Frustration zur Folge. Die Betroffenen ziehen sich in diesem Stadium häufig zurück und versuchen die Defizite zu überspielen.

Mittleres Stadium:

In diesem Stadium sind die Betroffenen nicht mehr in der Lage ihren Alltag selbständig zu bewältigen und benötigen Unterstützung, da die Störungen des frühen Stadiums weiter vorangeschritten sind. Neben dem Kurzzeitgedächtnis ist jetzt auch das Langzeitgedächtnis teilweise gestört. Die Betroffen haben immer stärkere Defizite im Erinnerungsvermögen, verwechseln Namen vertrauter Menschen, das Sprachverständnis nimmt mehr und mehr ab und es kommt zu permanenten Wiederholungen von Sätzen oder auch Handlungen. Häufig kommt es in diesem Stadium auch vor, dass die Erkrankten sich verirren (Orientierungslosigkeit) oder dass die Körperhygiene abnimmt. Aktivitäten im Haushalt oder auch in der Freizeit werden oft aufgegeben und somit kommt es zu einem sozialen Rückzug. Dies wiederum ist für das soziale Umfeld häufig nicht nachvollziehbar und wird fehlinterpretiert („XY will wohl nichts mehr mit mir zu tun haben!"). Dadurch entsteht bei den Betroffenen nicht selten Niedergeschlagenheit – bis hin zur Depression. Es kann allerdings – aus Frust – auch zu aggressivem Verhalten kommen.

Es kommt auch vor, dass die Betroffenen sehr unruhig sind und weglaufen. Außerdem treten oftmals abrupte Stimmungsschwankungen auf. Manche Demente verwechseln Tag und Nacht – irren in der Nacht umher und schlafen dafür tagsüber. Auch die Kontrolle über Blase und Darm kann verloren gehen.

Trotz all der hier aufgeführten Einschränkungen, kann es in diesem mittleren Stadium vorkommen, dass die Betroffenen vorübergehend nahezu normal wirken, wenn auch leider immer seltener.

Spätes Stadium:

Je weiter die Krankheit fortschreitet, desto weniger Fähigkeiten bleiben den Betroffenen - sie leben in ihrer eigenen Welt, die zwar immer kleiner wird, aber dennoch für sie zunehmend unübersichtlicher. Daher benötigen sie zunehmend Hilfe bei Routinetätigkeiten wie z. B. das Ankleiden, Körperhygiene, etc. Letztendlich verlieren sie die Kontrolle über ihre Körperausscheidungen. Dementiell erkrankte Menschen sind im Spätstadium der Demenz nicht mehr in der Lage, Gespräche zu führen – ihre Sprache ist, bis auf wenige Worte (es werden z. B. nur noch einzelne Wörter oder Laute aneinandergereiht) eingeschränkt.

6. Kommunikation im Spätstadium der Demenz

Wenn die Sprache eingeschränkt ist – wie ist dann die Kommunikation mit Dementen überhaupt noch möglich? In den nachfolgenden Absätzen erläutere ich einige Möglichkeiten.

Manche dementiell erkrankten Menschen verstummen komplett, was jedoch nicht bedeutet, dass keinerlei Kommunikation mehr stattfindet. Die Kommunikation findet in dieser Phase der Demenz intensiver auf der Gefühlsebene statt. Dementiell erkrankte Menschen reagieren oft sehr sensibel auf sanfte Berührungen, Gerüche, Gebete oder Musik. Sie tanzen sehr gerne zu alten Liedern – hier bietet sich Sitz-Tanz an, wenn der demente Mensch in einem Rollstuhl sitzt. Oft können sie Lieder, die in ihrer Jugend bekannt waren, auswendig singen. Auf Gebete, wie z. B. das „Vater Unser" reagieren sie oft sehr positiv, denn alte Menschen haben dies in ihrer Kindheit häufig gelernt und im Laufe ihres Lebens oft wiederholt. Des Weiteren sind häufig positive Reaktionen in Bezug auf Gerüche zu erkennen: der Duft eines frisch gebacken Kuchens oder aber auch Düfte, wie z. b. „Kölnisch Wasser", das sie an die Mutter erinnert.

Eine weitere Möglichkeit dieser non-verbalen (= Verständigung ohne Worte) Kommunikation ist die Sprache über Gestik und Mimik – die Körpersprache. Man kann davon ausgehen, dass die körpersprachlichen Fähigkeiten meistens wesentlich länger erhalten bleiben als die Verbalen. Die Dementen können bis weit in die fortgeschrittene Krankheit hinein einen großen Teil der non-verbalen Signale richtig entschlüsseln. Häufig deuten die Dementen im Spätstadium noch mimische Signale richtig, wie z. B. Stirnrunzeln als Ärger oder ein Lächeln als Anzeichen von Freude.

Ebenso können sie an der Körperhaltung, an dem Klang der Stimme, der Gangart oder -geschwindigkeit erkennen, ob ein Mensch gestresst oder entspannt ist. Allerdings verlieren sie sehr viel schneller die Fähigkeit, selbst non-verbale Nachrichten zu senden, sodass man sie verstehen kann.

Da Demente sehr feinfühlig sind, können sie sehr gut spüren, wenn jemand versucht etwas vor ihnen zu verbergen oder sie anzuschwindeln. Merken sie es, kann dies – je nach Persönlichkeit – sogar zu aggressivem Verhalten führen.

Oft kann man beobachten, dass Emotionen wie Wut, Unruhe oder gute Laune ansteckbar wirken und sich diese auf die Dementen übertragen.

Wenn ein dementiell erkrankter Mensch z. B. wütend oder traurig ist, kann dieser Gefühlsausdruck sehr häufig „verfliegen" wenn man ihn anstrahlt. Das liegt daran dass sie Verhalten beobachten und imitieren.

7. Missverständnisse, die in der Kommunikation mit Dementen entstehen können

Obwohl Menschen mit Demenz einen freundlichen Blickkontakt schätzen, so kann dieser auch als aggressiv fehl gedeutet werden und zwar dann, wenn man einen dementiell erkrankten Menschen zu lange und intensiv anguckt. Ein Blickkontakt, der länger als 3 Sekunden anhält, wirkt bedrohlich und bedrängend. Auch bei gesunden Menschen löst ein längerer Blickkontakt übrigens Unruhe bzw. Unbehagen aus.

Wie jeder Mensch lieben es von Demenz betroffene Menschen angelächelt zu werden, allerdings können sie ein aufgesetztes Lächeln von einem echten Lächeln sehr gut unterscheiden, denn sie sehen es, wenn die Augen der Person nicht mitlachen. Folglich reagieren sie häufig misstrauisch, ängstlich oder sogar verärgert.

Die Stimme ist in der Kommunikation mit Dementen ebenfalls von sehr großer Bedeutung. Positive Reaktionen bei Dementen sind zu beobachten, wenn eine Person eine ruhige, tiefe, gelassene und freundliche Stimme hat. Ist die Stimme zu hoch oder gar zu schrill, wenn Frauen z. B in der „Babysprache" mit ihnen sprechen, so fühlen sie sich gestresst, bedroht und die Reaktion ist oft, dass sie sich ängstlich zurückziehen oder sogar beginnen, um sich zu schlagen.

Von Demenz betroffene Menschen nutzen die nonverbale Kommunikation nicht anders als andere. Was sie jedoch von kognitiv gesunden Menschen unterscheidet ist,
dass Demente immer weniger eindeutige Signale aussenden. Ihre mimischen Signale
werden mit Fortschreiten der Krankheit immer spärlicher und für Personen aus ihrem
Umfeld wird es immer schwieriger diese richtig zu interpretieren. Man kann
beobachten, dass die Stimme von an Demenz erkrankten Menschen oft monoton
klingt und auch der Blick ihrer Augen wirkt leerer. Hinzu kommt, dass ihre Gesten
immer unverständlicher werden. Was jedoch lange Zeit ein hilfreiches Kommunikati-
onsinstrument ist, ist die Körperhaltung von Dementen. Hieran lässt sich erkennen, ob
sie z. B. Angst empfinden, erschöpft oder ruhebedürftig sind, kommunikationsbereit,
wach oder fit sind.

Demente sind relativ hemmungslos, d. h. sie geben ihre Gefühle „ungeschminkt" zum
Ausdruck: wenn wir sie erfreut haben, umarmen oder küssen sie uns, wenn wir sie
verärgert haben, imitieren sie uns oder strecken uns sogar die Zunge raus.

Welche Schlussfolgerungen ergeben sich daraus?

Aus den vorab genannten Punkten können wir schlussfolgern, dass die
Kommunikation mit Dementen im fortgeschrittenen Krankheitsstadium dann gelingen
kann, wenn wir bereit sind ihre und vor allem auch unsere eigene Körpersprache
immer wieder sorgfältig zu beobachten und zu überprüfen. Zudem ist es wichtig, den
Klang der eigenen Stimme zu kontrollieren und die Sprechgeschwindigkeit zu
reduzieren, damit wir sie damit nicht überfordern. Außerdem ist es sehr hilfreich, das
Gesagte mit einer Geste zu untermalen.

Ist eine verbale Verständigung nicht mehr möglich, hilft Humor, Lachen, „Faxen machen", da sie diese nonverbalen Kontaktformen meistens genießen.

8. Einblick in die Humanistische Psychologie

Häufig wird die Humanistische Psychologie – neben der Psychoanalyse und dem Be-
haviorismus – als die „dritte Kraft" der Psychologie bezeichnet. Dazu gehören
Systemische Therapie, Gestalttherapie sowie die Klientenzentrierte Gesprächsführung. Sie beruhen auf eine gesunde Lebensweise und dienen der umfassenden
Persönlichkeitsentwicklung, da hierbei nicht die psychischen Schwächen von Menschen im Mittelpunkt stehen, sondern es wird vielmehr der Fokus auf das Wachs-
tumspotential gesunder Menschen gerichtet. Sie wurde Anfang 1960 u. a. von

Abraham Maslow, Fritz Perls und Carl Rogers gegründet. Oder um es anders auszudrücken: Die Humanistische Psychologie basiert auf der Zuversicht, dass das Wachstum eines Menschen – einer Persönlichkeit – gefördert werden kann. Dies geschieht anhand von Methoden, die einzig und allein auf das Individuum zugeschnitten sind und zwecks Untersuchung der Persönlichkeit genutzt werden. Dies impliziert, dass die Psychologin/der Psychologe allem Seelischen mit derselben Aufmerksamkeit - ohne Vorbehalte, Kritik, Wertung sowie voreiliger Deutung – begegnet.

Die Humanistische Psychologie basiert auf folgenden Grundannahmen[2]:

- Der Mensch ist mehr als die Summe seiner Teile

- Der Mensch lebt in zwischenmenschlichen Beziehungen

- Der Mensch lebt bewusst und kann seine Wahrnehmung schärfen

- Der Mensch kann entscheiden

- Der Mensch lebt zielgerichtet

Die Anhänger der Humanistischen Psychologie sind der Auffassung, dass psychische Störungen dann entstehen, wenn – bedingt durch äußere Einflüsse – die Selbstentfaltung des Individuums blockiert wird.

Abraham Maslow hat aus seinem Menschenbild heraus die Bedürfnispyramide (ein Stufenmodell der Motivation) entwickelt, die dies sehr gut verdeutlicht. Die Bedürfnispyramide beinhaltet 5 Bedürfnisstufen eines Menschen, auf die ich im nachfolgenden Text eingehen werde:

1. Stufe: *Grundbedürfnisse, Physiologische Bedürfnisse:*

Zu dieser Ebene gehören Bedürfnisse wie Essen, Trinken, Schlafen, Sexualität, körperliches Wohlbefinden.

---

[2] Wikipedia

2. Stufe: *Sicherheitsbedürfnisse:*

Sobald die Grundbedürfnisse erfüllt sind, liegt das menschliche Erleben im Sicherheitsbedürfnis. Hierzu zählen z. B. materielle und berufliche Sicherheit, ein „Dach über dem Kopf", Kündigungsschutz, etc. Hier sollte man sich bewusst sein, inwieweit das Sicherheitsbedürfnis befriedigt ist, ansonsten ist ein Aufstieg in die nächste Stufe quasi unmöglich.

3. Stufe: *Soziale Bedürfnisse*

Sobald die ersten beiden Stufen der Bedürfnispyramide weitestgehend befriedigt sind, liegt es in der Natur des Menschen einen gewissen Drang nach sozialer Anerkennung sowie nach sozialen Beziehungen zu haben. Er verlangt nach Zuneigung und Liebe.

4. Stufe: *Anerkennung und Wertschätzung*

Der dritten Hierarchiestufe folgt die vierte Ebene – die der Individualbedürfnisse. Diese wurden von Maslow in 2 Unterkategorien unterteilt. Zum einen die Bedürfnisse bzw. der Wunsch eines jeden Menschen Erfolg, Unabhängigkeit, Freiheit sowie geistige und mentale Stärke anzustreben. Zum anderen der Wunsch nach Anerkennung, Prestige, Wertschätzung sowie Wichtigkeit, die lediglich von anderen Menschen erfüllt werden können.

5. Stufe: *Selbstverwirklichung*

Sobald auch die Bedürfnisse der vierten Ebene erfüllt wurden, strebt der Mensch das Bedürfnis nach Selbstverwirklichung an. Es ist sehr individuell, was das genau ist und hängt von dem jeweiligen Menschen ab. Jedenfalls geht es in dieser Stufe darum, die eigene Persönlichkeit zu entwickeln und das Potential zu entfalten.

Maslow entwickelte eine fünfstufige Bedürfnispyramide, allerdings hat er diese kurz vor seinem Tod erweitert. Demzufolge steht jetzt die Transzendenz an der Spitze der Pyramide und steht für die Suche nach etwas Höherem, etwas, das außerhalb des eigenen Daseins zu finden ist oder anders ausgedrückt: Transzendenz steht für die Suche nach Gott.

9. Was ist Validation – Validation nach Naomi Feil

In Anlehnung an die Humanistische Psychologie hat die US amerikanische Sozialarbeiterin und Schauspielerin Naomi Feil die Validation entwickelt. Hierbei handelt es sich um eine weltweit anerkannte Kommunikationsmethode im Umgang mit dementiell erkrankten Menschen. Der Begriff Validation stammt aus dem englischen Wort „to validate (= für gültig erklären) und ist aus dem Lateinischen „valere" (= wert sein) abgeleitet. Diese Methode soll Pflegende sowie Angehörige darin unterstützen, einen besseren Zugang zu dementiell erkrankten Menschen zu bekommen. Naomi Feil entwickelte diese Gesprächstechnik basierend auf der Klientenzentrierten Gesprächsführung nach Carl Rogers, dem Mitbegründer der Humanistischen Psychologie. Ein Hauptmerkmal der Validation ist, dass die Realität des Dementen „für gültig erklärt wird." Die Validation basiert – genauso wie die Klientenzentrierte Gesprächsführung – insbesondere auf den beiden Merkmalen Empathie und Wertschätzung und ist eine wirkungsvolle Kommunikations- und Fragetechnik. Das Validieren zeichnet sich durch seine nicht korrigierende und somit akzeptierende Sprache aus und ist somit eine spezielle Art der Kommunikation. Hier finden sich auch viele Inhalte der Bedürfnispyramide von Abraham Maslow wieder, wie z. B. Anerkennung und Wertschätzung.

Sie versucht die Bedürfnisse des Dementen zu verstehen und wiederzugeben (= zu spiegeln), sodass dieser sich angenommen fühlt. Somit ist Validation eine sehr wertschätzende Haltung, die die Arbeit bzw. die Begleitung von Menschen mit Demenz enorm erleichtern kann. Bei der Entwicklung der Validation ging Naomi Feil davon aus, dass es ein Erstreben von alten desorientierten Menschen ist, unerledigte Aufgaben ihres Lebens aufzuarbeiten, bevor sie sterben und um in Frieden „gehen zu können". Somit machen sich die Anwender der Validation nach Naomi Feil zur Aufgabe, demente Menschen in dieser Aufgabe der Aufarbeitung zu unterstützen.

In der Altenpflege, Geriatrie, Gerontopsychiatrie, Palliative Care – all das sind Gebiete, wo Validation angewandt wird. Validation wird immer mehr auch aus Zweigen der Wissenschaft empfohlen - und das, obwohl Wirksamkeitsstudien fehlen. Man hat festgestellt, dass das Validieren insbesondere bei im Umgang mit Dementen mit herausforderndem Verhalten sehr hilfreich sein kann. Validation bzw. das Validieren wird in aktuellen Fachbüchern wie dem „Praxishandbuch Demenz" für Hausärzte heutzutage besonders empfohlen.

Bei der Validation gelten folgende Grundsätze[3]:

- Jeder Mensch ist einzigartig und sollte als Individuum behandelt werden.

- Jeder Mensch ist wertvoll, ganz gleichgültig, in welchem Ausmaß die Verwirrtheit zugrunde liegt

- Es gibt einen Grund für das Verhalten von verwirrten, sehr alten Menschen.

- Das Verhalten eines Menschen im sehr hohen Alter ist nicht nur eine Folge anatomischer Veränderungen des Gehirns, sondern das Ergebnis einer Kombination von körperlichen, sozialen und psychischen Veränderungen, die im Laufe eines Lebens stattgefunden haben.

- Sehr alte Menschen kann man nicht dazu zwingen, ihr Verhalten zu ändern, da der Mensch sein Verhalten nur ändert, wenn er es will.

- Sehr alte Menschen sollte man akzeptieren, ohne sie zu beurteilen.

- Jeder Lebensabschnitt hat eine bestimmte Aufgabe/Herausforderung, die der Mensch zu erfüllen hat. Gelingt die Bewältigung dieser Aufgaben / Herausforderungen im jeweiligen Lebensabschnitt nicht, so kann das zu psychischen Problemen führen.

- Wenn ältere Menschen bemerken, dass ihr Kurzzeitgedächtnis nachlässt, so greifen sie auf Erinnerungen zurück. Damit versuchen sie ihr Leben wieder in ein Gleichgewicht zu bekommen. Lässt das Gehör nach, hören sie Klänge aus der Vergangenheit, lässt die Sehstärke nach, sehen sie mit ihrem „inneren Auge".

- Gefühle, wie z. B. Schmerzliche Gefühle, die ignoriert oder sogar unterdrückt werden, werden stärker, die die anerkannt, gefühlt und von einer vertrauten Bezugsperson (Pflege- oder Betreuungskraft) validiert werden, werden schwächer.

---

[3] Wikipedia

- Angstzustände werden durch Einfühlungsvermögen und Mitgefühl verringert und somit wird auch die Würde wiederhergestellt.

Zusammengefasst geht es bei der Validation nach Naomi Feil darum, dass Demente (desorientierte) Menschen danach streben, unerledigte Aufgaben ihres Lebens aufzuarbeiten, um friedlich sterben zu können und der Anwender der Validation unterstützt sie darin.

10. IVA = Integrative Validation nach Nicole Richard[4]

Aus einem anderen Blickwinkel sah es die deutsche Psychogerontologin Nicole Richard und entwickelte ihre Methode, die sie IVA (= Integrative Validation) nannte, wobei es sich um keine Therapieform handelt und die Bezeichnung „Validationstherapie" heutzutage eher unüblich ist.

Vielmehr handelt es sich hierbei um eine Kommunikations- bzw. Umgangsmethode, die auf „Augenhöhe" erfolgt. In ihrem Ansatz geht es nicht darum, Menschen mit Demenz bei der Aufarbeitung der unerledigten Aufgaben zu unterstützen, sondern vielmehr darum sie in ihrem Sein und ihrer aktuellen Befindlichkeit anzunehmen. Dies hat zur Folge, dass Demente sich verstanden fühlen und somit ruhiger werden. Denn jeder Mensch hat ein Recht auf Wertschätzung.

Bei dieser Form der Validation besteht der methodische Ansatz darin, dass Menschen mit Demenz ernst genommen werden, mit all ihren Gefühlen und Antrieben. Dabei werden zudem vorhandene Ressourcen der Hirnleistungen genutzt.

Der Anwender der Integrativen Validation nutzt oft Sprichwörter, die die aktuelle Situation des Dementen widerspiegeln, es gibt keine Fragen und Sätze werden einfach und klar formuliert. Bei der IVA spielt die Biografie des Dementen eine sehr große Rolle.

Bei der IVA spielt der emotionale Gehalt einer Aussage bzw. des Verhaltens eine große Rolle, sodass das dahinterstehende Gefühl anerkannt und für gültig erklärt wird, ohne es zu bewerten oder zu korrigieren. Durch diese Art der Kommunikation, ist es möglich Vertrauen und Nähe herzustellen und somit Konfliktsituationen zu vermeiden. Da das Sprachmedium bei den Dementen bei dieser Form der Validation noch

---

[4] Apotheken Umschau (Die Integrative Validation nach Nicole Richard, 22.05.2012)

vorhanden sein muss, ist diese Form relativ begrenzt. Außerdem ist es wichtig, dass Menschen mit eingeschränkter Orientierung auf die Validation eingeht und und zugänglich reagiert und auch, dass die Gefühle die hinter den Aussagen stehen, richtig interpretiert werden müssen.

Zusammengefasst geht es bei der Integrativen Validation nach Richard darum, den an Demenz erkrankten Menschen in seinem aktuellen Sein und seiner aktuellen Befindlichkeit anzunehmen.

11. Welche Gemeinsamkeiten haben Validation und die Humanistische Psychologie?

Auch wenn es diverse Unterschiede in den beiden vorab genannten Validationsformen gibt, so kann man leicht erkennen, dass zu den Gemeinsamkeiten im Hinblick auf die Humanistische Psychologie insbesondere die Wertschätzung zählt. Wenn wir Menschen mit Demenz so wie sie sind – in „ihrer eigenen Welt" – annehmen und wertschätzen, so bauen wir Vertrauen auf und der Demente behält seine Würde.

Des Weiteren spielt bei den Validationsformen wie auch in der Humanistischen Psychologie die Empathie eine große Rolle. Um hier noch einmal auf meine einleitende Frage- und Zielvorstellung einzugehen: Validation und Humanistische Psychologie sind beides wunderbare Möglichkeiten, um eine gelungene Kommunikation und somit ein besseres Miteinander herzustellen. Diese Techniken sollten nicht nur in der Arbeit mit Dementen eingesetzt werden, sondern im Alltag – überall da, wo Menschen miteinander kommunizieren, in Schulen, auf der Arbeit, in der Freizeit, etc. Somit kann ein friedlicher und wertschätzender Umgang untereinander stattfinden.

12. Zusammenfassung

Der Umgang mit Dementen und insbesondere dann, wenn es sich dabei um einen nahestehenden Angehörigen oder Freund handelt, ist sicher nicht leicht und man muss erst lernen damit umzugehen.

Allerdings ist es gleichzeitig eine Chance, langsam Abschied zu nehmen und die Person auf einer „anderen Ebene" kennen zu lernen. Wenn wir in die Welt/Realität des Dementen tauchen, erfahren wir wahrscheinlich von wundervollen Geschichten aus seinem Leben, die wir im Normalfall nie zu hören bekommen hätten.

Außerdem können wir, wenn wir in die Welt eines Dementen tauchen, viele humorvolle Momente erleben. Wenn wir es zulassen, lernen wir von ihnen, in der heutigen schnelllebigen und hektischen Zeit im Hier- und Jetzt zu leben...

13. Literaturverzeichnis & Quellangaben:

Validation, Ein Weg zum Verständnis verwirrter alter Menschen, Naomi Feil und Vicki de Klerk-Rubin, 10. Auflage, Reinhardt Verlag, 2013

www.tagesschau.de

www.demenz-leitlinie.de

www.bmg.bund.de

www.alzheimer.de.

www.lexikon.stangl.eu

www.pflegewiki.de

www.apotheken-umschau.de

www.lexikon.stangl.eu